Allelia Joy

WHAT IS LOVE?
Was ist Liebe?

Jesus Christus – „Superstar"!

Allelia Joy

WHAT IS LOVE?

Was ist Liebe?

Jesus Christus – „Superstar"!

1. Auflage

2020 © Allelia Joy

ISBN: 978-3-7504-7194-8

Die Deutsche Nationalbibliothek verzeichnet diese Publikation
in der Deutschen Nationalbibliografie; detaillierte bibliografische Daten
sind im Internet über www.dnb.de abrufbar.

Buchgestaltung und Cover: www.layart.li
Umschlagmotiv: © fotolia.com
Illustration: © pixabay.com

Herstellung und Verlag: BoD – Books on Demand, Norderstedt
Made in Germany

Inhaltsverzeichnis

Dieses Buch ist der ganzen Menschheit, Mutter Erde, Sathya Sai Baba und dem Universellen Geist gewidmet!

Sathya Sai Baba war ein universeller Avatar. Er lebte vom *23. 11. 1926 bis †24. 04. 2011 in Puttaparthi im Süden Indiens. Seine Lehre richtete sich an die ganze Menschheit.

Er betonte die universellen menschlichen Werte Wahrheit, Rechtschaffenheit, Liebe, Frieden und Gewaltlosigkeit.

„Helft immer und verletzt niemals" und „Liebt alle und dient allen".

Danke, Marion, für die liebevolle Gestaltung dieses Buches.

Danke allen Wesen, die mich durchs Leben begleiten.

Jesus Christus hat den Auftrag vom Vater, diesen Planeten in einen heiligen Planeten umzuwandeln, und das ist es, was Er seit über 2000 Jahren macht. Er inspiriert und ermutigt die Menschen, die Flamme der Liebe, des Lichts und den Willen zum Guten in jedem Menschenherzen zu entfachen.

Jene, deren Herz offen ist, können diese Energien berühren und die Symphonie des Friedens verbreiten. Dieser Friede führt zum Einklang mit dem ganzen Kosmos. Er ist gekommen, um in diese dunkle Welt das Licht zu bringen. Der Zweck des Lebens ist es, den Himmel auf die Erde zu bringen und Gott auf Erden zu verkörpern.

Jesus spricht: „Ich bin als Licht gekommen, um in dieser dunklen Welt zu leuchten, damit alle, die an mich glauben, nicht im Dunkel bleiben."
(Johannes 12,46)

„Die Weisheit, die von Gott kommt, ist vor allem rein. Sie sucht den Frieden, ist freundlich und bereit, nachzugeben. Sie zeichnet sich durch Barmherzigkeit und gute Taten aus. Sie ist unparteiisch und immer aufrichtig."
(Jakobus 3,17)

Liebe Leserin, lieber Leser

What is Love, was ist Liebe? Weißt du wirklich, was wahre Liebe ist? Wir stellen täglich fest, dass menschliche Liebe egoistisch und nicht dauerhaft ist. Der Mensch wurde aus Liebe erschaffen, außerhalb der Liebe ist er ein Versager. Ehen und Familien werden durch Selbstsucht ruiniert, weil der Mann egoistisch ist und die Frau das Weite sucht. Die Kinder werden in diese Atmosphäre hineingeboren und wachsen darin auf, traumatisiert und unglücklich gehen sie dann ins Leben hinaus.

Die Liebe, die Jesus in die Welt brachte, ist Gottes Lösung für alle Probleme! Der Vater liebt uns so sehr, wie ER Jesus liebte, und ER verlässt uns nie.

Gott ist enthüllte Liebe und ER ist Liebe. Die Liebe ist das Allerhöchste, sie ist das Zerbrechlichste und doch hat sie beständige Kraft. Die Liebe ist rein Geistlich, sie steht über allem Denkvermögen.

Die Liebe ist der Grund für das Leben, ohne Liebe hat das Leben keinen Sinn. Die Liebe ist das Größte in der Welt, sie ist die offenbarte

Natur des Vaters. Die Liebe macht dich zu dem, wonach dein Herz sich sehnt. Wenn du Liebe willst, dann gib Liebe! Diejenigen, die Gott auf Erden preisen, werden von Gott im Himmel gepriesen werden! Es gibt einen Weg, der nur für dich bestimmt ist. Setze deine Reise mit Glauben, Vertrauen und Liebe im Herzen fort. Achte auf dein Herz, denn es wird dich dorthin führen. Erfülle dein Herz mit wahrer Liebe!

„Und wir haben die Liebe erkannt und geglaubt, die Gott zu uns hat. Gott ist Liebe, und wer in der Liebe bleibt, der bleibt in Gott und Gott in ihm!"
(1. Johannes 4,16)

Die westliche Welt ist zu einem Paradies für „spirituelle" Scharlatane geworden. Sie befinden sich auf einem Egotrip, sind zersplittert und gespalten und sie erkennen ihr negatives Ego nicht. Sie suchen in Wahrheit Macht, Ruhm, Geld und Kontrolle über ihre Verehrer.

Sie geben sich hübsche Namen, wie Swami, Avatar, Baba usw. Aber vergiss nicht, dass ein schöner Name keinen Meister macht. Jeder kann sich als Meister positionieren und eine Gefolgschaft gründen. Wahre Lehrer sind gütig und mitfühlend. Sie bleiben stets bescheiden und sie haben nicht ihren eigenen Vorteil im Sinn.

Jesus Christus ist für mich ein wahrer und authentischer Meister und Seinem Ruf kannst du guten Gewissens folgen. Er steht über 2000 Jahre an erster Stelle auf der Liste aller „Superstars"!

Er hat in dieser langen Zeit bis heute nicht an Liebe und Kraft verloren. Volles Vertrauen in Ihn zu haben, ist der sicherste Weg zur Erleuchtung. Es kostet dich nichts, außer deine Hingabe und deine Liebe zu Ihm.

Es gibt einen Weg, um Befreiung und die Allwissenheit der Erleuchtung zu erlangen: Folge dem spirituellen Meister Jesus Christus. Über Ihn sind viele Bücher geschrieben worden, jedoch haben nur wenige Seine Botschaft verstanden, die Botschaft der bedingungslosen, ewigen Liebe.

Seine Liebe und Weisheit bringen das Eis zum Schmelzen: „Wer bittet, wird empfangen und wer sucht, der wird finden!" Ihn anzurufen, bedeutet, sich mit Geist und Herz mit dem

Weisheitsgeist des Meisters Jesu zu verbinden. In schwierigen Zeiten und Krisen kannst du dich an Ihn wenden, Sein Segen und Seine Kraft werden dich nicht im Stich lassen! „ICH BIN der Weg", und dieser Weg, der den Verstand überschreitet, ist der Weg des Herzens.

Dieser Pfad des Herzens ist Demut. Hingabe ist der reinste, schnellste und einfachste Weg, die Natur deines Geistes zu erkennen. Hier und jetzt hat dieses Thema Priorität, denn Aufklärung ist meine Herzensangelegenheit und sie muss in die Menschheit eindringen, damit das Leben für alle wieder einen Sinn ergibt.

Die suchenden Menschen brauchen einen Wegweiser, damit sie den Weg der Liebe gehen können. Dazu brauchen sie liebevolle Anweisungen, ohne belehrt zu werden. So möchte ich dich begleiten auf deinem Weg der Freude und des inneren Friedens.

Öffne dein Herz und spüre die bedingungslose Liebe, die uns Menschen mit Allem, was ist, verbindet. Wir sitzen doch alle im selben Boot und nur die Liebe kann uns durch die Stürme des Lebens führen. Je mehr du im inneren Frieden bist, um so leichter gelingt es dir, im Alltag und in deinen Beziehungen friedvoll zu sein. Sei jeden Tag bereit, allen Mitmenschen mit einem Lächeln zu begegnen. „Erkenne dich Selbst!" EinsSein ist EinsSein und diese Eine Existenz ist, was du bist, das, was wir sind! Liebe ist, was du bist!

„Wenn du mit Gott im Himmel sein willst,
dann handle wie Gott auf Erden!"

Einklang

Wir sind in eine interessante Zeit hineingeboren. Leider wissen und verstehen nur sehr wenige Menschen, was zurzeit geschieht. Mit diesem Buch bringe ich als „Wissensüberbringer" Klarheit in die Welt. Wir müssen erkennen, dass wir viel mehr sind, als wir zu sein glauben. Wir alle sind „multidimensionale Wesen".

Das ganze Leben ist eine Entdeckungsreise zu sich selbst. Das Erwachen zu sich selbst ist das einzig Wesentliche im Leben und der Beginn des Wahren Lebens! Die Gesellschaft und Religionen mit ihren Dogmen haben uns zu kleinen Wesen herabgestempelt, damit wir uns ihrer Machtstruktur beugen.

Wir sind in das Zeitalter des „neuen Menschen" eingetreten und nichts kann die geistige Entwicklung aufhalten. Die Menschheit braucht dringend revolutionäre und mutige Geister mit einem universellen Bewusstsein.

Es braucht wirklich keine „Lichtauslöscher", sondern „Lichtanzünder". Es braucht kluge und angstfreie Köpfe mit Lösungen.

Wir brauchen vor allem offene Herzen mit Verständnis für einen Plan für das Wohl aller Menschen und Völker. Ich rufe zur friedlichen Rebellion auf, zur Rebellion des Herzens, sie ist nicht gegen etwas, sondern für den Durchbruch in die Freiheit des Geistes.

Ahnst auch du, dass wir einen anderen Weg einschlagen müssen und dass wir unser Bewusstsein erheben sollen? Erkenne dich selbst, das ist die Aufforderung an dein Leben und richtig verstanden deine ganze Lebensaufgabe und dein Lebenssinn!

Viele wurden als Genie geboren und sterben als arme Geschöpfe. Überwinde das Normale und werde ein Original. Wenn du für andere neue Werte schaffen möchtest, dann musst du Mut haben zur Originalität. In deiner Einmaligkeit wirst du heute gebraucht, nicht als Mitläufer der großen, normalen Masse.

Je mehr du deine Genialität von innen nach außen lebst, desto wertvoller bist du für die Gesellschaft, für ihre Entfaltung und die Förderung der Menschheit. Viele Erdenbewohner sind mit ihren irdischen Freuden und ihrem weltlichen Streben zufrieden, obwohl ihre Seelen

Durst und Hunger haben. Sie ertränken es mit geschäftiger materialistischer Existenz, die sie am Ende leiden, dürsten und hungern lässt.

Wer sich also nach einer Verbindung mit dem Göttlichen sehnt, muss sich früher oder später mit seinem Ego arrangieren. Denn das falsche ICH ist das spirituelle Grundproblem des Menschen. Das Wort „Ego" taucht heute in vielen spirituellen Strömungen auf, vor allem im Buddhismus.

Viele Menschen sind ungestillte und un-ausgeglichene Wesen, die beständig von einer tiefen Sehnsucht nach dem Höheren, dem Göttlichen, dem Paradies und dem Glück angetrieben werden. Diese Sehnsucht gehört zu unserem Mensch-Sein, weil wir von göttlicher Natur sind.

Wir fühlen uns gefangen in den Gesetzen der Polarität oder der Dualität auf dieser Welt. Den spirituellen Weg zum Göttlichen zu gehen, bedeutet, nach innen zu schauen und wahrzunehmen, dass wir eine dicke Egoschicht um uns haben, die unsere Seele umhüllt und verdunkelt.

Diese dicke „Ego-Schlacken-Schicht" bedeckt unsere wahre göttliche Natur. Durch diese Hüllen müssen wir hindurch, wenn wir wieder zum Göttlichen in uns selbst gelangen wollen. Diese Egoschicht besteht aus unseren Erfahrungen, Emotionen, Mustern und Prägungen, wie auch aus Krankheiten, Unglück und dem Erleben von Enttäuschungen und Lieblosigkeit durch unsere Mitmenschen.

Beginne noch heute, dir selbst, deinen Mitmenschen und Ursprungssituationen zu vergeben. Verzeihen und Vergeben ist der erste Schritt zu innerem Frieden. Im Leben läuft nicht immer alles rund und wir geben oft anderen Menschen die Schuld, an unserem Unglück und Unfrieden.

Lerne bewusst, mit Liebe loszulassen. Du schadest dir nur selbst, wenn du es nicht schaffst, Vergangenes zu vergessen.

„Du kannst das nächste Kapitel deines Lebens nicht beginnen, wenn du ständig den letzten Lebensabschnitt wiederholst!"
(M. M. McMillan)

Führe dir also vor Augen, dass sich die Vergangenheit nicht mehr ändern lässt.

Du hast jedoch die Möglichkeit, die Weichen neu zu stellen. Bei Matthäus 18,21 heißt es, dass man nicht sieben Mal, sondern siebenundsiebzig Mal seinem Bruder vergeben soll. Vergebung bringt Frieden, während Rache zu Zank, Streit und Krieg führt. Verzeihung ist der Weg, der uns zusammenführt.

Deine wahre Stärke, Größe und Kraft liegen in der Einheit mit dem allschöpferischen Bewusstsein.

Das Licht in dir ist unbegrenzt und das Leben in dir ist unsterblich. Die Kräfte in dir können den Himmel erschaffen, denn alles, was Gott besitzt, gehört auch dir.

Unser Weg ist ein Weg der Erkenntnis, eine Suche nach höheren Werten, ein Weg der Liebe, ein Weg der Manifestation der Wunder, die im Königreich des Herzens in uns warten. Dein Leben kannst du durch Licht, Verstehen, Weisheit und Erkenntnis meistern.

Du kannst es meistern, wenn du über die Begrenzungen hinauswächst. Wenn die Energien des göttlichen Bewusstseins voll entfaltet sind, wird das Leben zu einem Spiegel, in dem du die Schönheit und Vollkommenheit Gottes betrachten kannst. Nur in Gott bist du frei von Leiden, frei vom Tod, frei von allen Unzulänglichkeiten und frei von Unwissenheit.

Wo Bewusstsein ist, da ist die Wahrheit, das Sein, die Wirklichkeit: GOTT!

„Liebe wird dich finden. Das ist keine Theorie oder Prophezeiung. Es ist der Sinn deines Seins. Du bist erschaffen aus Liebe, für die Liebe, damit Liebe durch dich in die Welt fließen darf!"
(Bahar)

Dimensionen

„Vertraue dem Leben, denn es strebt
immer nach dem Licht!"
(Martina Pahr)

Viele politische und religiöse Denker und Führer der Völker versuchen vergeblich, die alte Ordnung und die alten Verhältnisse beizubehalten, anstatt sich dem neuen Zeitgeist hinzugeben und sich freiwillig zu erneuern. Sie kämpfen noch immer mit alten Methoden, damit sie sich aus ihrer misslichen Lage retten können.

Aus Unwissenheit und Eigensucht wählen sie unmenschliche und verderbliche Mittel, damit ihre eigene Haut verschont bleibt.

Die Menschheit erlebt in dieser Zeit große Erschütterungen, denn eine Welle der geistigen Erhebung durchbricht heute, trotz äußerer Zerrissenheit, die Herzen vieler Menschen. Wir stehen unter der Impulskraft einer neuen

Gesinnung, einer neuen Weltanschauung, einer neuen Lebensauffassung und einer geistigen Revolution. Freue dich, denn der Umbau hat schon begonnen. Die Revolution hat begonnen in unserem Geist und in unseren Herzen!

Die Erneuerung und die Erweiterung des Geistes müssen in jedem Menschen stattfinden, „Kleindenker" haben keine Chance.

Ich spreche hier nicht vom begrenzten Verstand, sondern vom unbegrenzten Geist, der in jedem Menschen wohnt. Der Verstand ist für viele nur ein Hemmschuh, mit ihm lassen sich keine Berge versetzen.

Wir müssen ein neues Bild im Geiste schaffen, für die Renovierung braucht es kreative Bilder. Für die Erschaffung eines neuen Menschen und eines neuen Weltbildes benötigen wir kreative und schöpferische Geistwesen, denn die Veränderungen finden global statt.

Wir haben nur Einen Schöpfer und wir sind Seine Mitschöpfer und wir gestalten unsere Welt mit unserem Schöpfer als Seine Mitarbeiter. Er braucht unsere Hände, unser Herz und unseren Geist als Umgestalter, bis kein Stein mehr auf dem anderen liegt.

Wir haben es in unserer Hand, aus dieser Welt ein Paradies zu schaffen, denn Himmel und Hölle sind hier! Es gilt, alte Mauern niederzureißen, unsere eigenen Schranken aufzubrechen, unsere Vorurteile und alten Überzeugungen zu tilgen.

Damit Neues entstehen kann, muss Altes verschwinden. Alte Fassaden müssen eine neue Farbe bekommen, innen und außen. Diese Reform muss hier und jetzt in allen „Köpfen" geschehen, sonst bleiben sie in ihrer Entwicklung zurück und Stillstand bedeutet Rückschritt und in der Evolution des Menschen gibt es nur Fortschritt!

Der Wandel findet auf allen Ebenen statt, wir sind alle gefordert. Der Sieg über die Materie ist unser Ziel und dieser Sieg führt uns ins Licht. Viele Menschen sträuben sich gegen diese Wendung. Sie stellen sich gegen den Schöpfer und das Ergebnis ist Leid und Schmerz.

Wir müssen uns in unbekannte Gewässer stürzen, damit wir dahinfließen im Strom des Lebens, im Vertrauen auf die Liebe des Schöpfers, dem nichts unbekannt ist.

Wie gerne möchte ich dieses Bewusstsein allen Menschen begreiflich machen, denn viel

Schmerz und Leid wären nicht mehr nötig – Not-wendig, muss denn immer Not die Wende sein?

Was für Bilder malen sich die Menschen? Das Leben zeigt es ihnen selbst und dann beklagen sie sich auch noch! Jeder hat selbst die Wahl, jeder schöpft aus der eigenen „Ursuppe" und bereitet sich selbst sein eigenes Bild.

Werde dir bewusst, wo du heute stehst, schaue in den Spiegel deines Lebens. Bringe dein Leben selbst in Ordnung und erschaffe ein neues Bild von dir selbst und arbeite daran. Du allein bist für dich selbst verantwortlich, für die Freude und dein Leid.

Vergleiche dich nicht mit anderen, sondern sei immer du selbst! Entferne die Masken und erkenne das Wesen, das du bist! Verurteile und urteile nicht, denn jeder hat das Recht, so zu sein, wie er ist! Vermeide allen Klatsch und Tratsch über andere Menschen und beschimpfe sie nicht, denn du könntest unrecht haben.

Nimm dein Leben in deine Hände und übernimm die Verantwortung dafür! Vertraue dir und sei selbst-bewusst und spirituell, worauf wartest du noch? Du musst dich selbst mithilfe des Schöpfers aus dieser egoistischen Welt befreien. Der Schlüssel zu deiner Befreiung ist in dir und dieser Schlüssel ist die LIEBE!

Entrümple dein Leben, räume auf mit alten, schmerzhaften Erinnerungen und Erfahrungen. Warte nicht darauf, bis da einer kommt und dir Ratschläge gibt, was richtig oder falsch ist und was du tun oder lassen sollst.

Handle nach dem, was dir dein Herz sagt, und du handelst niemals falsch. Ich möchte dir Mut machen. Du hast die Kraft, einen Umbau und einen Wandel in dir vorzunehmen.

Erkenne dein Lebensbild und dein Lebensideal und arbeite kreativ an deinem Plan, denn keiner kann es für dich tun und keiner hat das Recht, es zu verändern. Du bist der Architekt deines Lebens und gestaltest die Pläne. Du überwachst die Baustelle und nur du entscheidest, was geändert und neu gestaltet wird.

Alles entsteht nach deinem inneren Bild als Mitschöpfer, mit dem Schöpfer!

Der globale Umbau hat schon längst begonnen. Der Krieg der irdischen Mächte war auch ein Krieg der Sterne, der geistigen Mächte.

Vieles hat sich geändert, zum Guten, leider aber auch zum Schlechten. Die Neugestaltung und die Umkehr sind in vollem Gange. Keiner kann die Augen verschließen, denn es ist offensichtlich. Alle werden vom Strom mitgerissen und es gibt kein Zurück!

Der kleine Verstand ist der Verlierer in der Jetzt-Zeit. Er ist der Verursacher allen Übels dieser materiellen Welt. Der Geist herrscht über die Materie! Beherrscht die Materie dich oder der Geist? Bist du im Verstand oder im Herzen?

Fühle in dich hinein, bewege dich vom Kopf ins Herz, dann gibt es für dich keine Grenzen. Der Geist ist frei und er kann sich ausdehnen ins ganze Universum.

Der Verstand macht alles kompliziert, er baut Mauern und Abgrenzungen. Der Geist baut Brücken. Will der Mensch sich wandeln, muss der Geist sich freisetzen können, das verlangt die Evolution des Menschen.

Wenn dein Geist frei ist, gehört die Welt dir. Spiritualität ist der wahre Weg in die Zukunft. Erhebe dich doch und fliege über die Wolken, da ist die Welt grenzenlos! Warum fliegen die Menschen mit Flugzeugen über alle Kontinente, es ist die Sehnsucht nach ebendieser Grenzenlosigkeit. Für mich gibt es keine Grenzen, denn in meinem Herzen spüre ich, dass wir Menschen Eine Seele sind in einem grenzenlosen Universum. Wir kommen alle aus einer Quelle und der Kreislauf des Lebens führt uns zur Quelle zurück!

Mit deinem Geist kannst du jede Disharmonie in deinem Körper wahrnehmen, denn der Körper ist ein feines Instrument und die Misstöne nimmt er schnell wahr. Harmonie ist das Zauberwort jeder Erneuerung.

Der Mensch hat in seiner Unwissenheit viele Fehler begangen und vieles läuft schief, im Kleinen wie im Großen.

Die Herzen der Menschen wie auch das Herz von Mutter Erde sind krank. In den Naturereignissen und Naturkatastrophen zeigt sich die Disharmonie der Menschheit. Erdbeben reißen die Mauern nieder, um Neuem Platz zu machen.

Die alten Fassaden werden durch Wasserfluten gereinigt und die Feuer der Vulkane äschern alles ein, was vernichtet werden muss. Alle diese Vorkommnisse werden von den Menschen ignoriert, und wer nicht hören will, muss fühlen!

Erkennst du die Zusammenhänge, wie im Kleinen, so im Großen?

Könnten doch die Menschen diese Sprache verstehen, die kosmische Sprache, die Sprache des Herzens, derer es keiner Worte bedarf.

Wann machen wir endlich Schluss mit unserer Illusionswelt?

Was ist der Sinn und Zweck der heutigen Verwirrung?

Vom Atom bis zur größten Sonne sind alle Geschöpfe dem Gesetz der Liebe unterworfen. Der Mensch macht da keine Ausnahme.

Die Menschheit steht vor einem großen Ziel und sie muss einen gewaltigen Schritt nach vorne tun. Darum sind ihre Opfer, Anstrengungen und Leiden sehr groß. Die vollständige Überwindung und Vergeistigung der tierischen Natur zum Geistmenschen hin, das ist das große Ziel. Der heutige Mensch ist eher ein denkendes Halbtier oder ein Halbmensch als ein geistiges, liebevolles Wesen.

Er hat sich tief zurückfallen lassen. Er wird die tierische Natur in sich überwinden und sich aus der Gewalt dieses dritten Reiches befreien und zur fünften Dimension des Edel-

und Geistmenschen emporheben. Viele der Erdbewohner befinden sich noch in der vierten Dimension. Wir befinden uns also in einer Übergangszeit, die sich mit vorübergehenden Krisen auf allen Ebenen der Gesellschaft und Wirtschaft kundtut.

Der Kampf ist daher voll im Gange, zwischen dem Höheren und dem Niederen, zwischen Glaube und Intellekt und zwischen Herz und Verstand. Zwischen dem Empfinden, dem Denken und Handeln des unerleuchteten Menschen herrschen keine Harmonie und kein Gleichgewicht. Und das ist die wahre Ursache des Leidens und des Unglücks bei den meisten Menschen.

Der neue Mensch wird seinen Verstand nicht mehr mit spekulativem Wissens- und Gedächtnisinhalten überfüttern und dabei sein Herz hungern lassen noch das Herz mit Glaubenssätzen belasten. Er wird das Wissen des Herzens, die Intuition und das Wissen des Verstandes, logische Erkenntnis, also das Herzdenken und das Hirndenken, pflegen und sie miteinander in Einklang bringen und erhalten. Herz und Hirn, Glaube und Wissen, Intuition und Verstand werden sich miteinander vereinen. Daraus ergeben sich friedvolle, aufbauende und schöpferische Menschen. Das ist der Stoff für einen Umbau und eine Erneuerung.

Lebst du den Weg deiner Be-Rufung? Du wurdest auf diesen Erdenplan gerufen, gerade zur Jetzt-Zeit, also hast du auch eine Lebensaufgabe! Der Weg der Berufung ist der Weg nach innen, zu den verborgenen Schätzen der eigenen Talente, des eigenen Genies.

Das Leben hat es sich so eingerichtet, dass der Weg der eigenen Berufung ein Weg der Freude ist! Hast du deine Berufung wahrgenommen, dann arbeitest du aus innerer Überzeugung, aus anhaltender Begeisterung und du trägst diesen Geist nach außen.

Mit Hingabe förderst du deine Gaben und Talente, du bist wertvoll und du machst die Welt wertvoller! So überwindest du das Normale und so wirst du ein Original! In deiner Einmaligkeit wirst du heute gebraucht, denn in unserer westlichen Welt überwiegen Mutlosigkeit und Krisenszenarien. Das Problem ist ein mentales Problem, der Bewusstseins-Stand stimmt nicht. Es ist der Verlust wirtschaftlicher Dynamik, die Erstarrung der Gesellschaft, eine mentale Depression und die Lösung ist, das Bewusstsein der Menschen zu erheben und eine Wende und einen Wandel herbeizuführen.

„Ich bin nicht meine Haare, ich bin nicht meine Haut, ich bin nicht der Körper, ich bin die Seele darin!"
(Rumi)

Die Botschaft der Liebe

„Liebe herrscht, indem sie dient.
Liebe siegt, indem sie sich opfert!"
(Pietro Antonio Bonaventura)

Alle Religionen, die im Laufe der Zeit entstanden sind, sind heilig. Die Botschafter Gottes waren Buddha, Jesus Christus, Zarathustra, Mohammed usw. Ihre Gedanken, Lehren und Ideale sind für ihre Nachfolger wegweisend. Liebe ist das Herz aller Religionen.

Es kommt nicht darauf an, welcher Glaubensgemeinschaft du angehörst, sondern darauf, dass du die in allen Religionen enthaltenen Grundsätze anerkennst und befolgst. Alle Religionen lehren die gleiche Botschaft, den Mitmenschen zu dienen und sie bedingungslos zu lieben.

Alle Menschen wollen glücklich sein und als Menschen sind wir abhängig von der Gemeinschaft, daher müssen wir den Geist der Gemeinschaft stärken. Unwissenheit ist die

Wurzel von Angst und Sorgen. Die Göttlichkeit erfüllt alle Formen. Die Bibel, der Koran und die Veden usw. enthalten viele heilige Lehren, aber viele Menschen verstehen die Lehren nicht und darum schlagen sie falsche Wege ein.

ER, Gott, der Christus, Allah, Buddha, Vishnu oder Shiva genannt wird, schenkt dir Gnade, Glück und Freude mit vollen Händen. Er ist der Eine, das höchste Selbst. Gott ist die Verkörperung der Liebe und Wahrheit, Liebe ist Seine wahre Form und Sein inneres Wesen.

Mit dieser Botschaft möchte ich die Harmonie zwischen den verschiedenen Religionen fördern, durch Toleranz, Offenheit und Liebe. Wir müssen in uns das Mitgefühl stärken und zerstörenden Zorn, Wut, Eifersucht und Wettbewerbsdenken reduzieren.

Innerer Frieden des Geistes bewirkt Frieden und Gesundheit des Körpers. Die Quellen von Mitgefühl und Menschlichkeit verleihen dir Stärke und sie machen dich glücklich!

Liebe macht Menschen aus uns, sie beginnt nicht beim Wort oder bei der Umarmung, sie beginnt in unseren Gedanken und Gefühlen. Wer nicht lieben kann, kann sich nicht öffnen, er kann nicht in Austausch mit dem Nächsten treten, nicht gelebte Liebe macht krank!

Ein offenes Herz ist ein gesundes Herz! Liebe schallt zurück und Liebe heilt.

„Wer liebt, stammt von Gott
und er erkennt Gott!"
(1. Johannes 4,7)

Das Paradies wird jenen gehören, die das Lied der Liebe singen. Die Nächstenliebe ist der Schlüssel zu den Geheimnissen Gottes und Vergebung ist die Flamme der Liebe. Die Liebe vergibt, denn sie weiß um die wahren Hintergründe.

Der Weltfrieden hängt zurzeit aus Mangel an rechtem Verständnis an einem dünnen Faden. Der Gedanke eines wirklichen, dauernden inneren Friedens kann zu einer aktuellen Wirklichkeit werden, wenn wir den Blick nach innen richten und unser wahres Selbst erkennen und wir uns zum Kosmischen Bewusstsein erheben.

Das innere Suchen ist der einzige wahre Weg, um Gott zu finden, und Vergebung ist der Weg zu innerem Frieden. Wir stammen vom Himmel ab, wir bestehen aus Seiner Gnade und wir befinden uns im Königreich des Himmels. Es ist dieses Königreich, das uns erhält und uns jede Minute unseres Daseins unterstützt.

Das Königreich in uns ist alles. Unser Körper und unsere Persönlichkeit sind eine zeitweilige Struktur, die schwach, vergänglich und bedeutungslos ist.

Das zeitlose, unendliche Sein ist unsere wirkliche Seele und die Allwissenheit des ewigen Bewusstseins ist unser wirkliches Gemüt. Das unbeschreibliche Licht und die Schönheit des unsterblichen und absoluten Gottes sind unser wirkliches Herz.

Die Freiheit der grenzenlosen Wirklichkeit ist unsere wirkliche Freiheit. Der Friede des Unendlichen ist unser wirklicher Friede. Das Ewige ist unser Atem, das Zeitlose unsere wirkliche Persönlichkeit.

Gott ist unser wirkliches Antlitz und das Unendliche ist unsere wirkliche Seele. Das Unmanifestierte ist das Ewige. Es ist ohne Anfang und ohne Ende, es ist das Ungeborene und in Ihm ist alles enthalten, außerhalb von

Ihm ist nichts. Gesegnet ist die Schöpfung, denn jedes ihrer Atome trägt die Vollkommenheit des Königreichs des Himmels, des Ewigen in sich! Wir sind Kinder des Ewigen und wir bestehen aus der Substanz des Ewigen. Lassen wir es nicht zu, noch länger der Hypnose unseres menschlichen Zustands zu unterliegen und lassen wir uns nicht von den alltäglichen Ereignissen und Erfahrungen dominieren und versklaven.

Lasst uns frei sein – vollkommen und wirklich frei!

Lassen wir die Liebe in unserem Herzen universal werden.

„Wahre Größe beginnt
mit einem dankbaren Herzen.
Einem Ausdruck der Bescheidenheit!"
(James E. Faust)

Der mystische Weg

„Gott hat sich als ICH erfüllt!"

Wenn Wahrheit wahr ist, dann muss sie durch alle Zeiten hindurch wahr sein. Die Wahrheit ist radikal subjektiv und kann auch durch die Bewusstseinsforschung bestätigt werden. Das Leben ist Ausdruck des ewigen Bewusstseins und deshalb gibt es keinen Tod! Das Leben ist ein Prozess, um uns selbst zu begegnen. Erinnern wir uns, dass die Erde von Gott und nicht von uns ist.

Wir müssen in Christus wiedergeboren sein, um zum Christus zu werden. Alle Sorgen und Ängste des Überlebens müssen wir loslassen und unseren Glauben und unser Vertrauen in Gott Christus setzen.

Werden wir zu „Menschenfischern" und helfen wir dabei, alle Seelen zurück in das Himmelreich auf Erden zu bringen. „Trachtet nach dem, was droben ist, nicht nach dem, was auf Erden ist!" Halte deinen Kopf in den Wolken und deine

Füße fest auf dem Boden. Was immer du tust, tue es für Gott, Christus und den Heiligen Geist. Sei bei allen deinen Begegnungen sanftmütig und barmherzig, sorge für ehrliche Dinge, nicht nur in den Augen des Herrn, sondern auch in den Augen der Mitmenschen. Wenn du durch das Schwert lebst, wirst du durch das Schwert sterben. Wenn du Liebe willst, dann gib Liebe und wenn du Gott im Himmel willst, dann handle so wie Gott auf Erden.

Niemand wird zum Christus werden ohne persönliche Kraft, Selbstbeherrschung und Selbstdisziplin. Christus ist immer friedvoll, glücklich, freudvoll und gleichmütig. Der einzige Zweck der Inkarnation ist, Gott zu realisieren und Gott anderen zu bringen, alles andere ist Illusion. Vergiss nicht, dass du bereits der Christus bist, du befindest dich nur im Prozess der Wieder-Erkennung!

Der Mystiker erlebt und schweigt, er sieht nach innen. Der Mystiker, der eins mit Gott ist, kann ein reiner Mensch genannt werden, denn er besitzt die Reinheit des göttlichen Bewusstseins. Er ist in höchstem Maß begnadet. Die Glückseligkeit des Königreichs des Himmels ist in seinem inneren Herzen zur lebendigen Wirklichkeit geworden. Nicht jeder, der tiefgläubig ist, ist auch ein Mystiker. Leute, die in großen Tönen reden, sind keine Mystiker!

Gott spricht noch heute durch die Menschen, durch Erleuchtung ihres Geistes. Er spricht zu uns durch den Christus in uns. Es ist Gott, der Sich selbst offenbart, Er hat nicht nur durch Jesus gesprochen, so spricht Er auch durch dich und mich!

Jesus war die Offenbarung des Vaters – Er war Gott:

> *„Wer Mich gesehen hat,*
> *hat den Vater gesehen!"*

Gott erschuf den Menschen nach Seinem Bilde, Ihm ähnlich und durch Jesus Christus wird er Teilhaber Seiner eigenen Natur. Somit erhebt sich der Mensch in den Bereich Gottes und in diesem Bereich kann Sich Gott Seinen Kindern offenbaren.

Wenn du ein Kind Gottes bist, dann bist du Erbe Gottes – ein Miterbe mit Christus. Jesus Christus ist Alles, Er war Alles und Er wird in alle Ewigkeit Alles sein. Er gab uns dieses Leben, Er ist das Leben, Er ist der Sieg, Er ist unser Alles in Allem! Wir wurden lebendig gemacht durch Ihn und mit Ihm:

„Ich bin die Auferstehung und das Leben!"
(Johannes 11.25)

Er ist mein Leben, Er ist mein Sieg und meine Gesundheit, ER ist mein EIN und ALLES!

„Gottes Sein ist mein Leben. Ist denn mein Leben
Gottes Sein, so muss Gottes Sein mein Sein sein
und Gottes Wesenheit meine Wesenheit,
nicht weniger und nicht mehr."
(Meister Eckhart)

In den vergangenen Jahrhunderten hat Europa eine Reihe von großen, inspirierenden Mystikern hervorgebracht. Nachdem sie die Einheit mit der Gottheit – dem höchsten Urgrund allen Seins erlangt haben, leben sie im Königreich der Unsterblichkeit und Freude, auch während sie noch in körperlicher Gestalt hier auf Erden verweilen.

Mystik ist ein universelles Phänomen, das uns in allen Kulturen begegnet. Mystische Erfahrungen sind von transzendenter Natur, sie sind tief und unergründlich wie der Ozean. Es sind Erfahrungen einer übergeordneten Wirklichkeit. Teresa von Avila sagte es so:

„Es ist unmöglich, es auszudrücken, und der Verstand kann es nicht begreifen und kein Vergleich reicht aus, es zu erklären."

Mystische Erfahrungen finden wir in allen Kulturen, die bekanntesten Mystiker sind *Aurelius Augustinus, Hildegard von Bingen, Meister Eckhart, Johannes Tauler, Jakob Böhm, Teresa von Avila, Franziskus von Assisi, Johannes vom Kreuz, Jan van Ruysbroek* usw.

Aurelius Augustinus gilt als einer der größten Schriftsteller des Altertums. Er war Mystiker im Dienst der Kirche. Sein Einfluss auf Philosophie und Theologie ist in der Geistesgeschichte einmalig.

„Der Mensch kann nur etwas wissen, weil Gott ihn erleuchtet."

So schöpfte Augustinus sein Wissen aus der inneren Schau. Er schöpfte aus eigener Erkenntnis:

„Suche nicht draußen! Kehre in dich selbst zurück! Im Inneren des Menschen wohnt die Wahrheit. Der Verstand schafft die Wahrheit nicht, sondern findet sie vor."

Meister Eckhart von Hochheim, war der wohl bedeutendste deutsche Mystiker. Seine Schriften hatten großen Einfluss auf die Mystik des Mittelalters im deutschen Sprach-raum. Er sagte:

„Alle Gebote kommen aus der Liebe und aus der Güte seiner Natur. Wer nun wohnt in der Güte seiner Natur, der wohnt in Gottes Liebe, die Liebe aber hat kein Warum!"

Die „Geburt Gottes in der Seele" ist das, was wir heute Erleuchtung nennen.

Teresa von Avila war spanische Karmeliterin, Äbtissin und Reformerin, sie offenbarte in ihren Schriften die Tiefe ihrer mystischen Erfahrung. Demut und Liebe waren die vorherrschenden Züge ihres Wesens.

„Eine der Lügen der Welt ist es, Menschen
Herren zu nennen, da sie doch in Wirklichkeit
nur Sklaven sind von tausend Dingen!"

Der junge *Franziskus von Assisi* liebte das Vergnügen, doch wurde er in einen Mann des Gottesbewusstseins verwandelt. Seine Liebe zu Gott, für die Menschheit, für die Tiere war alleinschließend und unfehlbar. Die Elemente waren seine Brüder und Schwestern. Alle Geschöpfe reflektieren die göttliche Ausstrahlung, wie seine Erfahrung ihm zeigte. Die Einheit mit Gott im Menschen, in Vögeln und allen Tieren, in der ganzen Natur war ein inneres Erleben.

„Alle Geschöpfe der Erde fühlen wie wir, alle
Geschöpfe streben nach Glück wie wir.
Alle Geschöpfe der Erde lieben, leiden und
sterben wie wir, also sind sie uns gleich
gestellte Werke des allmächtigen Schöpfers –
unsere Brüder!"

Jakob Böhme war ein ungebildeter weiser Herr aus Görlitz. Er wurde von einer göttlichen Erleuchtung ergriffen, als er noch sehr jung war.

Er war sieben Tage lang von einem göttlichen Licht umgeben und er befand sich in höchster Kontemplation des Königreichs der Freude. Er selbst sagte, dass er „in den tiefsten Grund aller Dinge" geschaut hat.

„Der Heilige aber hat seine Kirche an allen Orten bei sich und in sich!"

Johannes vom Kreuz erfuhr zu Beginn seines dreißigsten Lebensjahrs ein Paradies innerer Freuden und himmlischer Süße.

„Das Zentrum der Seele ist Gott. Wenn sie ihn liebt mit allen Fasern ihres Seins, mit der ganzen Kraft ihres Tuns und Wünschens, gelangt sie zu ihrer tiefsten Mitte!"

Johannes Tauler war ein Anhänger von Meister Eckhard und er beschreibt die Einheit des Mystikers mit dem Göttlichen als „einfach mit Gott sein".

„Unsere Seligkeit liegt nicht an unseren Werken, sondern an der Größe der Liebe!"

Hildegard von Bingen hat ein Werk geschaffen, das uns heute noch staunen lässt. Sie war Naturforscherin, Dichterin, Komponistin, Theologin, Prophetin und Klostergründerin. Sie brachte es auf allen Gebieten zur Meisterschaft. Sie wurde im Jahre 1098 in Bermersheim bei Alzey geboren. Zu dieser Zeit gab es Seuchen und Epidemien, Naturkatastrophen und Gewalttaten. Es fehlte an medizinischer Versorgung, Hygiene und Heizmaterial.

Sie nannte sich während ihrer Predigtreisen die „mahnende Stimme" oder die „Posaune Gottes". Im Mittelpunkt von Hildegards Theologie steht die leidenschaftliche Liebe Gottes zu seinen Geschöpfen, insbesondere zum Menschen.

„Der Mensch braucht die Schöpfung Gottes zur Selbsterkenntnis, Gott aber braucht den Menschen und die Schöpfung zur Selbstoffenbarung!"

Jan van Ruysbroek, der flämische Mystiker, erklärte, dass es nirgends eine Erfüllung der menschlichen Bestimmung gibt, außer in der Einheit mit dem Göttlichen. Er betont Reinheit,

Losgelöstheit von Menschen und Dingen, Freiheit von Wünschen und die Notwendigkeit der Sehnsucht nach innerer Einheit mit Gott. „Gott wirkt in uns von innen nach außen, die Welt der Erscheinungen aber von außen nach innen."

„Siehe, ICH bin dein und du bist MEIN.
ICH wohne in dir und du lebst in MIR!"

„In allem, was geschieht, ist Licht.
Und die Größten unter den Menschen
waren nur darum groß, weil sie ihre
Augen jedem Licht öffneten!"
(Maurice Maeterlinck)

Jesus Christus – die Quelle der Liebe

„Das Ziel spiritueller Praxis ist die Umwandlung des Herzgeistes!"
(Dalai-Lama)

Jesus Christus ist das göttliche Herz, das die ganze Menschheit durch Seine machtvolle Geistigkeit berührt. Der Name und die Worte Christi sind ein Weckruf zur Größe. Sie laden uns ein zu einem transzendentalen Leben, um in unserer eigenen Existenz die Vollkommenheit des Vaters zu errichten.

Nur durch unser eigenes Leben können wir der ganzen Welt zeigen, dass das Christentum eine der wunderbarsten Religionen der Welt ist. Christsein heißt, christusähnlich zu sein. Ein Christ ist auch derjenige, der imstande ist, die Botschaft der ewigen Liebe und des Lichts Gottes zu verbreiten.

Tausende von Menschen auf der ganzen Welt fühlen heute noch Seine Gegenwart. Sie nehmen

Zuflucht zu Seinem Namen und überwinden die Prüfungen des Lebens durch die Liebe zu Ihm. In der Nachfolge Christi macht die Ichlosigkeit Dich zum König.

Jesus Christus war, ist und wird immer ein wirklicher König unter Königen sein. Jeder Mensch, der in seinem liebenden Herzen die ganze Menschheit einschließt, ist so ein König. Ein solcher König ist ein Wahrheitskenner, ein Wahrheitsträger und ein Licht der Wahrheit.

Niemand ist ausgeschlossen von den Segnungen des Königreichs der Wahrheit. So erkenne die Wahrheit, die uns und die ganze Menschheit befreit, denn nur so kann sich das Reich Gottes auf Erden verwirklichen.

Der Weg von Jesus dem Christus ist ein Weg, der für uns Menschen geschaffen wurde. Jesus Christus symbolisiert den Weg des Friedens für unser irdisches Dasein. Er wird für die ganze Menschheit ewig die göttliche Macht bleiben. Er ist die immer spürbare Gottgegenwart, die göttliche Wirklichkeit und Wahrheit.

Er ist das Wort, das mit den Urkräften der tiefsten und edelsten Liebesneigungen des menschlichen Herzens verbunden ist. Kein anderer religiöser Genius der Welt hat jemals für Jahrhunderte einen so großen Einfluss auf der ganzen Welt ausgeübt wie Jesus Christus. Er versuchte, jeden Menschen aus der irdischen Umklammerung zu lösen und alles Leben zu vergeistigen.

Er war von unbegrenztem Glauben an das Reich Gottes erfüllt, in dem Er lebte und wirkte, während Er auf Erden wandelte.

Viele Menschen versperren bewusst oder unbewusst den Weg zu Ihm, wegen der vielen Täuschungen und Untaten der vergangenen Zeiten durch die katholische Kirche. Der christliche Glaube verliert in der westlichen Gesellschaft seine Bedeutung. Fast alle Menschen, Christen oder Nichtchristen, suchen und fordern Spektakuläres, mindestens Eindrückliches, wie Wunder und Visionen, die bewegen.

So sind viele Geschichten von Seinem Leben erfunden, sie entsprechen nicht der Wahrheit. Doch eines ist ganz sicher, Gott schickte Jesus, Seinen göttlichen Sohn auf diese Erde, denn Er trug das Licht Gottes in Seinem Herzen. Es war der Wille Gottes, dass Jesus in Kontakt mit den Grobstofflichkeiten dieser Erde kam, um die Verbindung zwischen Gott und den Menschen wiederherzustellen. Es gibt nur eine wahre Macht auf Erden und das ist die Macht des göttlichen Willens, der immer die wahre Führung auf Erden besitzt.

Die dunkle Seite, die Unbewusstheit wurde durch Jesu Tod am Kreuz besiegt. Keine dunkle Macht kann unser Leben beeinflussen, wir allein sind die Schöpfer unserer eigenen Realität. Alles in unserem Leben kann nur so viel Macht und Realität besitzen, wie wir bewusst oder unbewusst glauben.

Wir sind für unseren eigenen Weg und unsere eigenen Handlungen verantwortlich. Darum sollen wir auch nicht Richter spielen, denn jede Bewertung über andere verschleiert uns den Weg der Erkenntnis!

„Wer also frei von Sünde ist,
werfe den ersten Stein!"

Jesu Lehre bezog sich ganz auf den wahren und absoluten Zustand des Seins. Er sprach aus dem Gesichtspunkt erhabener Macht, glorreich und triumphierend bewies Er allen, dass Er unsterbliches Leben, allmächtige Kraft und makelloser ewiger Geist ist. Die Art, wie Jesus Seine Identität als Sein betrachtete, ist die Art, wie wir das auch tun sollen.

„Öffne deine Tür und Ich werde eintreten.
Öffne dein Herz und die Wahrheit wird sich dir
offenbaren. Folge mir. Die Werke, die Ich tue,
kannst du ebenfalls tun!"

Es gibt keinen anderen Weg, um mit dem EINEN eins zu werden, um der EINE zu sein! Die Christus-Botschaft stellt in ihrer Gesamtheit überall die Gegenwart der Vollkommenheit dar.

Wir müssen deshalb die Vollkommenheit nicht erwerben, sondern wissen, dass wir sie sind. Vollkommenheit ist die Substanz und die Wirklichkeit allen Seins, des Lebens und aller Dinge. Leben ist die Substanz, die Gott ist!

Keine Lehre ist so verwässert worden wie Seine Botschaft der bedingungslosen Liebe. Unwissende haben in der Vergangenheit vieles umgeschrieben und falsch interpretiert, aber langsam wird einiges aufgeklärt und auch verstanden. Sein göttlicher Geist öffnet die Herzen der Menschen und sie erkennen, dass nur die Liebe über das Böse und den Unglauben siegen kann.

„Liebet einander" ist Seine Botschaft und nichts kann Ihn abhalten, darum folge Seinem Ruf! Seine Liebe und Kraft ist in allen Menschenherzen verankert und darum kann ein gutes Herz nur ein gesundes Herz sein. Liebe ist eine verbindende Kraft, sie trennt nicht, denn alles ist Eins. Nur der menschliche Verstand schafft Grenzen und Ungleichheit.

Gleichheit, Grenzenlosigkeit und Einigkeit sind positive Kräfte des Herzens. Wenn wir Eins sind, brauchen wir keine Mauern und Grenzen, die uns trennen!

Wie immer dein Leben auch aussehen mag, deine Christus-Natur ist dein ureigenster Besitz und sie ist immer vollkommen.

Das Wunderbare an dieser Botschaft ist, dass sie nicht exotisch, fantastisch ist oder dass nur die Elite Zugang hat, sondern, dass sie für alle Menschen Gültigkeit hat.

Erleuchtung ist zweifellos real und es gibt immer wieder erleuchtete Meister auf dieser Welt.

Wenn wir einem begegnen, werden wir tief in unserem Herzen erschüttert und bewegt.

Der Name Jesus Christus wird auf der ganzen Welt wegen Seiner grenzenlosen Liebe verehrt. Er diente den Armen und Kranken und gab schließlich Sein Leben als Opfer für uns Menschen hin. Liebe kann nur aus deinem Herzen strömen und aus keiner anderen Quelle.

Ein von Liebe erfülltes Herz ist grenzenlos, es kann alles überwinden. Echte Liebe führt dich zu Gott. Es ist die Ichbezogenheit, die den Menschen alle möglichen Schwierigkeiten schafft. Wenn dein Geist mit Liebe erfüllt ist, dann ist alles Handeln von Liebe durchdrungen.

Liebe ist vollkommen frei von Verlangen, sie ist völlig selbstlos und erwartet keine Gegenleistung.

Liebe ist allumfassend und macht keinen Unterschied zwischen Freund und Feind!

Versuche, den Meister Jesus Christus so lebendig wie möglich zu visualisieren. Habe vertrauen, dass die Präsenz von Ihm tatsächlich da ist. Wenn dein Herz voll ist von Seiner Präsenz, entspanne dich und rufe Ihn von ganzem Herzen und mit deinem Geist an und halte vertrauensvoll innere Zwiesprache. Spreche mit Ihm, wie zu einem Freund, zum Beispiel:

„Hilf mir, kümmere Dich um mich, erfülle mich mit Deiner Liebe und Freude, Deiner Weisheit und Deinem Mitgefühl!"

Dein Ziel in deinem jetzigen Leben ist dieses Verschmelzen mit deinem Meister. Dann hast du das Vertrauen, dass du dich nicht weiter um dein Leben zu sorgen brauchst.

„Der Herr, unser Gott, wirkt durch Seinen Geist.
Und wo der Geist des Herrn wirkt,
da herrscht Freiheit."
(2. Korinther, 3,17)

Das Geheimnis

„Alles, was wir sind, ist das Ergebnis dessen,
was wir gedacht haben. Denn was wir denken,
wird zu unserer Realität."
(Buddha)

Das Geheimnis gibt dir die Macht, alles zu sein, alles zu tun oder alles zu haben, was du sein, tun oder haben willst. Ein Leben voller faszinierender Möglichkeiten wartet nur darauf, entdeckt zu werden.

Erfolg, Wohlstand, wunderbare Beziehungen, mehr Selbstvertrauen und beste Gesundheit und alles, was du dir von Herzen wünschst. Du bist der Schöpfer deines Lebens, du erschaffst deine Schöpfung.

Denkst du Gutes, wird dir Gutes geschehen, und ist deine Gesinnung negativ, erntest du Negatives! Egal, was du dir wünschst, das Universum wird es dir erfüllen, denn deine Gedanken werden gehört und umgesetzt. Sei daher wachsam und sei dir bewusst, was du denkst! Tue Gutes und Gutes wird dir widerfahren. Wenn du positive, lichte Energie ausstrahlst und du in deinem Leben Gutes tust, wirst du gutes Karma wie von selbst anziehen. Karma ist das Sanskritwort für Handlungen oder Taten.

Dieses hinduistische und buddhistische Konzept stammt aus dem alten Indien und verkörpert das Prinzip von Ursache und Wirkung, Aktion und Reaktion. Es gibt weder Glück noch Pech, weder Zufall noch Schicksal. Das Einzige, was existiert, sind Ursache und Wirkung. Das Leben hat keine andere Möglichkeit, als den von dir gesetzten Ursachen zu folgen!

Wir leben in einem Meer unendlicher Kräfte und das Ziel unseres Lebens besteht darin, diese Kräfte bewusst in Besitz zu nehmen, sie zu nutzen und sich daran zu erfreuen. Übermenschlich zu sein, ist unsere Natur und das bedeutet Freude, Unsterblichkeit, Furchtlosigkeit und Vollkommenheit.

Zufriedenheit kann nur in der Erfahrung der unbegrenzten Energien Gottes erlangt werden. Unser Friede, unser Schutz und unsere

Sicherheit sind nirgendwo zu finden, außer im Gottesbewusstsein.

Wenn du in diesem Gottesbewusstsein lebst, brauchst du nichts, denn dort hast du alle Schätze und einen unendlichen Frieden, grenzenlose Sicherheit und absolute Vollkommenheit. Alles ist vorhanden. Es gibt nichts was stört oder fehlt. Warum also vergeudest du dein Leben mit kleinlichen Eifersüchteleien, unbedeutenden Spielchen und sinnlosem Vergnügen?

Der Mensch ist meist mit so vielen Dingen beschäftigt, dass er sich nicht bewusst ist, dass er atmet und sein Leben vom Atem abhängt. Die Atemtätigkeit setzt sich fort, ob wir uns dessen bewusst sind oder nicht. Es ist ein ununterbrochener Vorgang, ob wir schlafen oder wach sind.

Wir sehen die Luft nicht, jedoch können wir ohne sie nicht leben. Das gilt auch für unsere Beziehung zu Gott, Er beobachtet uns, Er geht mit uns, doch wir wissen nichts davon. Dieses Nichtwissen muss aufgelöst werden, seien wir uns deshalb stets bewusst, dass wir ohne IHN nicht leben können und dass wir aus Seiner Essenz bestehen! Der Mensch ist ein Wesen, das Freude und Glück liebt – ein Wesen, das nicht ruhen wird, bis es sein Glück gefunden hat, das unvergänglich und bedingungslos ist – Gott. Das Leben ist uns nicht gegeben, um es zurückzuweisen oder zu verneinen, sondern um es zu bereichern, indem wir das berühren, was jenseits von ihm liegt.

Das Leben ist uns anvertraut, nicht zur Entsagung, sondern zu unserer Erfüllung durch das, was hinter ihm liegt. Das Leben ist eine wundervolle Herausforderung und eine großartige Gelegenheit, um die wahre göttliche Liebe, die ewige Weisheit und die alles umwandelnde Kraft zum Ausdruck zu bringen, die in unserem Bewusstsein ruhen.

Die Erfüllung des menschlichen Lebens besteht darin, sich in der Liebe und der Erkenntnis Gott zuzuwenden und die Fülle, den Frieden und die Freiheit im täglichen Leben auszudrücken. Das Leben ist ein ständiges Wachstum und eine fortschreitende Evolution und wir werden nicht glücklich sein, wenn wir die evolutionären Ziele und Gesetze nicht beachten.

Wie ein leuchtendes Licht sollst du handeln, wie ein Genie denken und wie ein Heiliger leben. Lass dein Herz ein Meer der Liebe sein! Das ganze Leben ist göttlich, darum befasse dich mit dem Licht und der Liebe, mit der Gegenwart der Vollkommenheit Gottes und du wirst im Königreich des Himmels leben und dich bewegen, während du noch in dieser Welt von Raum, Zeit und Begrenzungen lebst.

Das wahre Sein ist jenes, das keine Grenzen kennt, weder physische noch intellektuelle. Es ist ein grenzenloses, geistiges Sein. Gott ist die höchste Vernunft, die unendliche, kreative Intelligenz. Nichts in der ganzen Schöpfung kommt an die höchste Intelligenz Gottes heran.

Du kannst Ihm nicht entkommen und du kannst vor Ihm nicht davonlaufen und du kannst nicht ohne Ihn leben. Unser Leben ist für viele ein Problem, für das Gott die einzige Lösung ist. Nicht Wirtschaft, Politik, Erziehung noch Ethik, Wissenschaft oder Psychologie können das fundamentale Problem lösen, Gott ist die Lösung für alle Probleme unseres Lebens!

Wenn du mit dem Göttlichen Eins bist, hast du alles erreicht. Dein Herz ist dann erfüllt mit ewiger Vollendung und unendlicher Vollkommenheit!

„O Gott, Du bist allgegenwärtig.
Du tust alles, wir können nichts tun!
Die ganze Schöpfung leuchtet hell mit
Deiner Gegenwart, Deiner Intelligenz,
Deiner Weisheit und Deinem Willen!"
„Alles im Universum ist in dir!"
(Rumi)

Der Tod ist nicht das Ende!

„Der Gedanke der Unsterblichkeit ist ein leuchtendes Meer, wo der, der sich darin badet, von lauter Sternen umgeben ist."
(Jean Paul)

Du stirbst als Mensch, und der Christus-Geist erhebt sich als das ewige Leben aus deinem toten Körper. So endet dein Leben nie, dein wahres Sein lebt in alle Ewigkeit. Christus ist Alpha und Omega ohne Anfang und ohne Ende!

Siehe den Tod nicht als Gegensatz zum Leben, denn beide sind unwirklich, beide sind nur ein Wechsel und ein Schein.

Was wirklich ist, ist in dir, deine Seele kann niemals sterben, deshalb gehört deine Todesangst nicht deiner Seele an, sie ist unsterblich. Der Tod ist ein natürlicher Übergang in eine andere Dimension. Er bedeutet nicht das Ende, der Tod ist eine Illusion, unsere Seelen sind ewig. Aufgrund von Unwissenheit ist der Mensch im

Zyklus von Geburt und Tod gefangen. Geburt und Tod werden von Gottes Willen verursacht. Seit alten Zeiten haben sich die Menschen bemüht, das Geheimnis von Geburt und Tod zu verstehen.

Das Geheimnis zeigt sich jeden Augenblick im Vorgang des Einatmens und des Ausatmens. Einatmen symbolisiert die Geburt und das Ausatmen den Tod. Geburt und Tod entstehen aus der Illusion.

In Wirklichkeit sind Geburt und Tod die Auswirkung von Täuschung und solange wir in dieser Täuschung versinken, können wir Gott nicht schauen. Nur wenn wir die Fesseln der Illusion zerreißen, können wir die Wirklichkeit erfahren.

Wer keine Liebe entwickelt, wird immer wieder geboren. Liebe ist das Licht, das die Dunkelheit der Unwissenheit vertreibt.

„Der Tod ist das Kleid des Lebens!"
(Sai Baba)

Für den Körper ist der Tod etwas ganz Natürliches. Der Körper ist das Kleid, das Gott sich anlegt. ER nimmt menschliche Form an, um die Menschen zu höheren Idealen hinzuführen. Dein wirkliches Selbst ist Gott und wenn du dich selbst als Gott siehst, siehst du Gott. Siehe in Jesus Christus einen Botschafter, der dir von Gott gesandt wurde.

Gott kann nur durch die Liebe erkannt werden, ohne Ihn kann nichts und niemand existieren und durch Liebe allein wird Er sichtbar, denn Liebe ist Seine Form! Liebe findet im Dienst am Nächsten ihren Ausdruck, denn ein mitfühlendes Herz ist der Tempel Gottes.

Als Krankenschwester habe ich viele Sterbende begleitet. Sterben hat etwas Heiliges. Da tut sich der Himmel auf, da ist die Gegenwart Gottes. Da ist jemand, der dich hält. Es stirbt keiner allein. Man kann einsam sterben, aber nicht allein. Den Tod gibt es schon auf dieser äußeren Welt. Tod bedeutet Abbruch, Ende, Aus.

Tod ist der Abbruch von Beziehungen, der Tod ist das Ende von Ego und Verstand. Wir nehmen Abschied vom Lärm der äußeren Welt. Die Engel werden die Trompeten blasen, es werden keine schrillen Töne mehr sein. Sterben ist das Hinübergehen in eine andere Welt, in eine andere Dimension. In der Welt gibt es in Wirklichkeit nichts, was hässlich oder sündig ist.

Alle Hässlichkeit und Unvollkommenheit ist das Werk menschlichen Denkens. Das Leben selbst ist nicht hässlich, sondern schön. Es liegt am Menschen, ob er aus seinem Leben etwas Schönes oder etwas Hässliches macht. Was wichtig ist in deinem Leben, das sind Liebe, Güte und Selbstlosigkeit.

Wo immer wir Liebe erfahren, erfahren wir Schönheit, erkennen wir die Wahrheit, erlangen wir Weisheit, finden wir Glück und erleben die unmittelbare Berührung Gottes. Wenn Gottes Weisheit deine Intelligenz erleuchtet und Er durch dich denkt, dann ist der Himmel überall, wohin dich deine Schritte führen.

Die Liebe macht dich unsterblich, denn sie ist unsterblich. Die Liebe überlebt den Tod deines physischen Körpers, denn die Liebe ist unendlich mehr als dein Körper. Als Persönlichkeit, die das Ewige verkörpert, bist du mit allen verwandt, denn alle sind Verkörperungen des gleichen Lichts der Liebe.

Liebe ist ein Segen in sich selbst. Je mehr wir die Erkenntnis des Göttlichen ersehnen, desto mehr sollten wir Liebe entwickeln. Heiligkeit ohne Liebe gibt es nicht, denn Heiligkeit gründet in wachsender Liebe. Die Grundlage der Heiligkeit ist kosmische, selbstlose, göttliche Liebe, die die zentrale Kraft der Seele darstellt.

„Von Gott zu Gott geht unsere Reise,
wir waren in Gott, wir sind in Gott
und wir bleiben ewig in Gott!"

Wir sind das Licht der Welt, weil das unendliche Licht Gottes in uns ist. Wir sind das Licht der Welt, weil die Kräfte des Wissens und die Macht des Herzens in ihren göttlichen Elementen ihre Wirkung in uns ausüben. Wir sind das Licht der Welt, weil in jedem von uns ein Herz ist, das mit seinem Erbarmen die ganze Schöpfung umfassen kann, und in jedem von uns die Kraft Christi wohnt. Gott kann keine Schöpfung erschaffen ohne darin Seine eigenen Spuren zu hinterlassen.

„Der Tod bedeutet nicht das Ende des Bewusst-
seins, er ist viel mehr die Befreiung des Bewusst-
seins aus dem Gefängnis unseres Gehirns!"
(Christine Brekenfeld)

„Mensch, du bist Wunder, du bist Geist, du bist Licht. Du bist Teil eines Ganzen, aber sterblich – das bist du nicht!"

Der Weg des Herzens

„Indem du dein Selbst liebst, liebst du alle
Menschen wie dein Selbst!"
(Meister Eckhart)

Das Herz wird im Römer 7,22 „der innere Mensch" genannt – in 1. Petrus 3,4 ist es „der verborgene Mensch des Herzens". Es symbolisiert auch das geistige Herz. Das Herz ist das Leben des Menschen, Liebe ist das Leben des Herzens, sie ist das Größte auf dieser Welt. Liebe ist die Herzenskraft des Lebens und Liebe ist Heilung für jede Wunde.

Liebe ist das Einzige im menschlichen Wesen, das nie altert und sich nie erschöpft. Die Liebe macht uns zu dem, wonach sich unser Herz sehnt. Alles, was Leben in sich hat, sehnt sich nach Liebe. Liebe ist Gott in Aktion.

Das Maß unserer Liebe ist das Maß unseres Wertes gegenüber der Gesellschaft. Wir sind Gottes Werk sowie die Schöpfung Sein Werk ist. Wenn du dem Gesetz der Liebe folgst, dann kannst du nicht versagen. Liebe ist der Schlüssel zum Erfolg.

*„Und wir haben die Liebe erkannt und geglaubt,
die Gott zu uns hat. Gott ist Liebe,
und wer in der Liebe bleibt, der bleibt
in Gott und Gott in ihm!"
(1. Johannes 4,16)*

Die Zeit ist gekommen, wo der wahren Liebe der gebührende Platz zugewiesen werden muss. Die spirituelle Revolution hat schon längst begonnen. Die Transformation der Menschen ist voll im Gange, sie ist jedoch leiser und stiller. Es kann nur durch einen spirituellen Wandel eine bessere Zukunft für diese Menschheit geben. Wir behandeln die Menschen so, wie Gott sie behandelt. Die Liebe tut dem Nächsten nichts Böses!

Die Liebe erhebt uns aus dem Alltäglichen ins Übernatürliche. Die Liebe macht uns unbeschwert, umgänglich und hilfsbereit. Die Liebe hebt uns vom Bereich der Sinne in den Bereich des Geistes. Die Liebe wird alles zerstören, was unwirklich ist, denn Illusionen können im Licht der Liebe nicht bestehen. Selbstsucht wird im Herzen zerstört, wenn die Liebe unser Leben übernimmt.

Wenn wir einen Lebensstil der Liebe führen, beginnen wir die Früchte der Liebe zu ernten. Die Tage des Hasses, der Eifersucht, des Neides und der Bitterkeit sind vorbei.

Das Bewusstsein der Menschen öffnet sich langsam, denn die verzweifelte Lage auf unserem Planeten zeigt den Menschen die Notwendigkeit einer Transformation auf, und das auf globaler Ebene.

Meditation, Dhyana Yoga, ist das größte Geschenk, das du dir in diesem Leben selbst machen kannst. Durch Meditation kannst du dich aufmachen, deine wahre Natur zu entdecken.

Dhyana Yoga ist der Weg, der zur Erleuchtung führt. In der Stille und Ruhe der Meditation erhältst du einen Einblick in diese tiefe, innere Natur, die wir in unserer Geschäftigkeit des Verstandes aus den Augen verloren haben. Dhyana Yoga bedeutet, den Geist heimzubringen durch die Übung der Achtsamkeit.

Wenn du das Ewige berührst, hast du eine Schatzkammer, die mit unfehlbaren Schätzen gefüllt ist. Du hast die Kraft, die die Kraft über allen Kräften ist. Deine Möglichkeiten sind endlos und dein Leben ist erfüllt und gesegnet.

Die ganze Natur zeigt dir das Angesicht Gottes und du wirst bewusst eins mit dem Unvergänglichen in den vergänglichen Dingen. Das Ewige begegnet dir im Bewusstsein überall und zu allen Zeiten und dein Leben wird ein ständiges Paradies endloser Erkenntnis, endlosen Friedens und endloser Freiheit.

Das ewige Sein, jenseits von Zeit und Raum, ist das ewige Jetzt. Es ist das ewige Überall. Es ist hier, alles ist Hier für Es. Es ist das Hier und das Jetzt. Das Ewige ist ALLES.

Versuche in Kontakt mit diesem ewigen Wesen zu kommen, das jetzt bei dir und überall um dich herum ist. Bemühe dich, dieses ewige Sein zu erkennen. Wenn du das Ewige berührst, sind alle Grenzen aufgehoben, dein Friede bleibt auch in stürmischen Zeiten und schwierigen Umständen unangetastet.

Gott beginnt durch dich zu sprechen und zu leben und das Ewige strahlt durch dich Seine

Liebe und Sein Licht in die Welt hinaus. Gib alles auf, was dir den geistigen Weg versperrt, zerreiße die Schleier, die das Antlitz Gottes vor dir verbergen. Mögest du den Weg der Liebe betreten, der zugleich der Weg des Lichtes ist!

Achte immer auf die Liebe, denn sie ist das erhaltende Gesetz des Lebens. Liebe ist der Ursprung des Universums.

Wenn dein Herz voller Liebe ist, begegnest du überall liebevollen Menschen. Wenn dein Wesen edel ist, erlebst du, dass die Welt voll edler Menschen ist. Bist du gütig und barmherzig, begegnest du überall der Güte und Barmherzigkeit.

Du begegnest überall dem, was in deinem Gemüt und Herzen ist. Trage den Himmel in deinem ganzen Wesen und du wirst den Himmel antreffen, wohin immer du gehst. Dringe tief in dein inneres Wesen ein und entdecke das Bild, den Atem, das Reich Gottes in dir und entwickle den Glauben an Gott.

Die äußere Welt kann zu einem wirklichen Paradies werden, wenn die innere Welt zu einem Paradies geworden ist! Segne die Welt durch das Gottes Licht in deinem Herzen, segne sie durch die Gnade, die dein Geist ist. Mache dein Leben zu einem Segen, zu einem Segen für die ganze Menschheit. Segne die Welt und die Menschheit und segne die Schöpfung und alles und alle!

Lasse alles in dir göttlich sein und unterschätze nie den Wert, den du für die übrige Welt darstellst.

„Immer ist die wichtigste Stunde die
gegenwärtige. Immer ist der wichtigste
Mensch der, der dir gerade gegenübersteht.
Immer ist die wichtigste Tat die Liebe!"
(Meister Eckhart)

Lebe im Einklang
mit der Quelle des Seins

*„Es gibt keine größere Kraft als die Liebe.
Sie überwindet den Hass
wie das Licht die Finsternis!"
(Martin Luther King)*

Die Erleuchtung der Persönlichkeit erlangst du, wenn du mit dem inneren transpersonalen Selbst, dem inneren Führer, in Kontakt kommst. Erleuchtung ist Mut, Demut und Ausdauer. Sie ist Dankbarkeit, Mitleid und Gelassenheit. Erleuchtung ist die Geburt der Seele, sie ist die Fähigkeit zu sehen und sie ist der Kontakt zur größeren Seele in jedem Menschen.

Erleuchtung findet im Bereich der Persönlichkeit, der Seele und des Geistes statt. Es gibt auch eine planetarische, solare, galaktische und kosmische Erleuchtung. Auf der Stufe der Persönlichkeit werden die niedrigen Energien allmählich geläutert und dann von den höheren aufgenommen. So nimmt sich die menschliche

Psyche als das Selbst wahr und meistert alles, was nicht das Selbst ist. Sie sieht sich als eine Seele, die vom Glanz des inneren Führers erfüllt ist. Auf der planetarischen Erleuchtung umschließt die Bewusstheit der Psyche alle Reiche der Natur.

In der solaren Erleuchtung umfasst das Bewusstsein alle Zentren des Kosmos und in der kosmischen Erleuchtung trittst du in die Freiheit und die Seligkeit der Galaxie ein. Erleuchtung ist die Fähigkeit, Unendlichkeit in dein Leben zu bringen durch alles, was du tust! Ergreife die Gabe der Erleuchtung und denke, fühle und handle schon heute im Lichte der Liebe.

Gib jedem die Möglichkeit, sein Licht leuchten zu lassen. Fasse den Entschluss, die Dinge zu sehen, wie sie sind. Vermehre deine innere Schau und lebe nicht nur für dich selbst, für deine Nation und deine Religion, sondern für die ganze Menschheit.

Die Menschheit verzeichnet einen großen Fortschritt wegen der zunehmenden Zahl von Töchtern und Söhnen des Lichts.

Alle Gedankenformen der Getrenntheit, der Ausbeutung und Sklaverei sind verbannt worden und das Zeitalter der geistigen Gesundheit, der

Freiheit, Liebe und Schönheit hat begonnen. Die Menschheit findet ihren Weg nach Hause auf dem Wege rechter menschlicher Beziehungen, auf dem Wege des guten Willens, des Teilens, der Duldsamkeit, des Verständnisses und der Freude. Die große Arbeit schreitet voran und der Tempel der Einen Menschheit ist im Aufbau.

Es bauen zurzeit viel große Wesen einen Weg aus Licht und Liebe und Kraft für unsere Rückkehr ins Licht.

So wird die Menschheit Schritt für Schritt von Herrlichkeit zu Herrlichkeit gehen. So sind Licht und Liebe und Kraft tätig, um auf Erden die nötigen Veränderungen herbeizuführen. Mögen die Liebe und das Licht immer auf dem Weg der Menschheit leuchten!

„Herr, Dein Licht führe uns aus der Dunkelheit
ins Licht, vom Unwirklichen ins Wirkliche,
vom Tod zur Unsterblichkeit,
vom Chaos zur Schönheit!"
(Shamballa)

OM MANI PADME HUM, OM, OM ...!

Gott ist Liebe

„Ohne Liebe ist alles nichts!" (Paulus)

Wer ist ER? Der alte Mann auf der Wolke ist ein großes Missverständnis. ER ist kein strafender Gott, sondern ein Liebender. Wir sollen uns von Ihm kein Bild machen, denn Gott ist Alles in Allem!

Das Wort Gott ist jedoch nicht einfach so entstanden, das Wort *Gott* ist ein Beweis, dass Er existiert. Egal, ob du an Ihn glaubst oder nicht, du kannst Ihm nicht entfliehen. Er kommt nicht von irgendwo her und Er geht nirgendwo hin. Er ist hier, überall im Mikrokosmos und im Makrokosmos – ALLES ist ER!

Gott ist die Grundlage aller Energien und Formen im Kosmos. Gott war allein, bevor der Kosmos entstand. Das Rad der Schöpfung dreht sich, wie Er es diktiert. Er ist der Urheber allen Seins. Er, die höchste Wahrheit, wohnt in jedem Ding, ohne Ihn kann nichts existieren. Wir haben an Gottes Natur Anteil, das macht uns zu Seinen Kindern der Liebe. Gott ist enthüllte Liebe. Liebe ist der Grund für unser Dasein. Gott ist Geist und wir sind geistige Wesen. Er verlieh uns Seine Natur und Seine Natur ist Liebe.

„Ich vermag alles durch den, der mich stark macht, Christus!"
(Philipper 4,13)

Es gibt keinen Mangel, keine Schwäche und kein Problem, das Er nicht beseitigen kann. Es gibt keine Krankheit und kein Leiden, das Er nicht zu heilen vermag. Seine Gnade und Liebe gehört uns und wir sind mit Ihm EINS, immer und ewig.

Um mehr von Gott zu erfahren, müssen wir verstehen, dass Gott Bewusstsein ist, nicht mental, nicht physisch und nicht materiell. Gott kannst du nicht durch den Verstand erreichen, sondern nur über dein Herz, Gott ist Gott allein! Alles ist Gott, Er ist die einzige, unendliche und allgegenwärtige Existenz.

Durch Gott erfährst du Gott. Als Gott erfährst du Gott, es gibt keine andere Möglichkeit! Alle anderen Erfahrungen gehen vorbei. Wenn du

Gott erfährst, verschwindet die äußere Welt. Die Gegenwart des Göttlichen in der Aura eines Menschen beschützt ihn, wirkt Wunder für ihn, befreit ihn von allen Problemen. Das Problem der Probleme ist der Mensch selbst! Das Verlangen, Gott zu berühren, zu erfahren und zum Ausdruck zu bringen, ist in uns angelegt und wesentlich, dass wir Ihm nicht entrinnen können.

Je früher wir die Wahrheit entdecken, dass Gott das zentrale Bewusstsein unseres inneren Wesens ist, dass Er die wahre Substanz ist und dass unser Heil darin liegt, dass wir uns Seiner Gegenwart bewusst sind, desto besser ist das für uns.

Die wahren Meister und wirklichen Bezwinger der Welt sind nicht die Wissenschaftler, die Okkultisten, Spiritisten, Politiker und auch nicht die Philosophen, sondern die Menschen der Selbstverwirklichung oder der unendlichen Gotterfahrung. Wir erfahren Gott nur, wenn unser inneres Bewusstsein zum Wesen Gottes umgestaltet worden ist.

Erkenne Gott, den Schöpfer, und du wirst alles über die Schöpfung wissen. Kennen wir das

Selbst, dann erkennen wir den denkenden Geist, die Welt, die Energie, das Leben, den Kosmos – wir erkennen Alles!

Eines Tages wird jeder Mensch Eins mit der grenzenlosen Freude, Eins mit der bedingungslosen Liebe und Eins mit dem ewigen Leben Gottes.

Wenn es nicht jetzt geschieht, wird es im nächsten Leben oder später geschehen, das ist unvermeidlich.

„Ich brauche nichts außer Gott, denn indem ich Gott habe, habe ich Alles!"

Gott ist immer hier, überall, an jedem Ort auch jenseits aller Galaxien, für Ihn gibt es keine Entfernung. Es gibt keine Zeit im Göttlichen und das Ewige in der Schöpfung, im Universum und in der Raumzeitwelt kann von nichts berührt werden.

Die zeitlose Wirklichkeit, das Unsichtbare wohnt im Sichtbaren und erhält es. Aber das Zeitliche oder Sichtbare kennt das Unsichtbare nicht. Das Unsichtbare hingegen kennt das Sichtbare voll und ganz. Wer nicht weise ist, lässt sich von der Oberfläche des Lebens gefangen nehmen. Er verstrickt sich in den Kreislauf der psychologisch-sinnlichen Erfahrungswelt, in der ein Irrtum dem nächsten die Hand reicht.

„Ihr könnt Mich nicht an diesem Ort sehen
und an jenem nicht, denn Ich fülle allen Raum
aus. Ihr könnt mir nicht entkommen
oder etwas im Verborgenen tun,
denn für Mich gibt es nichts Verborgenes!"
(Sai Baba)

Ayurveda, fleischlos glücklich!

„Wer richtig isst, braucht keine Medizin – wer sich falsch ernährt, dem nutzt keine Medizin!"
(Ayurvedischer Leitsatz)

Ernährung ist für viele zur Ersatzreligion geworden. Es ist jedoch nicht so wichtig, was in den Mund hineingeht, sondern, was aus dem Mund herauskommt. Gehe also vorsichtig mit den Worten um, sie können Gutes oder Böses anrichten. Zu einer bewussten Lebensweise gehört eine richtige Ernährung und so bin ich auf die ayurvedische Ernährung gekommen.

„Der Mensch ist, was er isst!"

Iss dich gesund, weise und tolerant! Der Trend zu nachhaltigem und gesundem Essen ist nicht mehr wegzudenken.

Es findet eine Art Umdenken und Rückbesinnung zu mehr Natürlichkeit und gesundem

Essen in den Köpfen der Menschen statt. Nachhaltigkeit, Umweltschutz und Gesundheit sind zurzeit zentrale Themen.

Essen muss klimafreundlich und gesund sein, weniger Zucker und weniger Fleisch. Sport und bewusste Ernährung sind zu wichtigen Elementen des Lebensstils geworden. Eine auf den individuellen Menschen abgestimmte Ernährung ist ausschlaggebend für mehr Vitalität und Lebensfreude. Fehlt die Lebenskraft über längere Zeit, ist der Grund oft eine Fehlernährung.

Das indische Naturheilsystem *Ayurveda* kann helfen, den ausgebremsten Motor wieder anzufeuern. Mithilfe der ayurvedischen Gesundheitsmedizin kann über die Ernährung der Stoffwechsel in ein gesundes Gleichgewicht gebracht werden. Nahrung bildet die Grundlage für den Körper und seine Lebensenergie, beides wird durch sie erhalten.

Durch reine Ernährung können Körper und Geist gestärkt werden. Speisen sollen nicht zu salzig, zu scharf, zu bitter, zu süß oder zu sauer sein und dürfen nicht kochend heiß gegessen werden. Die allgemeine Regel ist Mäßigkeit und

Zurückhaltung. Mäßiges Essen, genügend Schlaf, Liebe und Seelenstärke halten Körper und Geist gesund! Am besten ist es, sich die Gesundheit durch gute Gedanken und Taten und gesunde Essgewohnheiten zu erhalten.

Was ist Ayurveda? *Ayur,* aus dem Altindischen, bedeutet so viel wie *Leben* und *Veda* heißt *Wissenschaft.* Ayurveda ist also die Wissenschaft vom Leben. Ayurveda, die 5000 Jahre alte indische Heilkunst, arbeitet ganzheitlich, um die gesundheitliche und mentale Balance jedes Individuums wiederherzustellen.

Ayurveda basiert auf einer ganzheitlichen Denkweise, sie betrachtet den Menschen als eine Einheit und als einen untrennbaren Bestandteil unseres Universums. Innere und äußere Faktoren beeinflussen den Menschen in seinem Wohlbefinden.

Falsche Ernährung führt laut Ayurveda zu Beschwerden wie Trägheit, Depression, Verdauungsbeschwerden oder Nervosität. *Dosha* ist ein bekannter Begriff im Ayurveda und bezeichnet die drei verschiedenen Lebensenergien *Vata, Pitta* und *Kapha.*

Sie regulieren unsere geistigen und körperlichen Funktionen und sind somit für Krankheit oder Gesundheit verantwortlich.

Vata steht für Menschen mit leichtem Knochenbau, die es schwer haben, zuzunehmen und unregelmäßigen Appetit empfinden. Ein *Vata*-Mensch friert leicht, fühlt sich in der Hitze wohl und isst und trinkt gern Warmes. Ist *Vata* aus dem Gleichgewicht, sind Nervosität, Ängstlichkeit, Sorgen, Verstopfung und Schlafstörungen oft die Folge. Während *Vata* für die Bewegung, die Atmung, den Stofftransport und alle Ausscheidungen verantwortlich ist, steuert *Pitta* die Stoffwechselvorgänge.

Kapha hält die verschiedenen Körperstrukturen zusammen, es fördert Masse, Widerstandskraft und Fruchtbarkeit. Nur wenige Menschen sind deutlich nur von *Vata, Pitta* oder *Kapha* geprägt. Die meisten sind Mischtypen von vorherrschend zwei *Doshas,* wenige sind ausbalanciert über alle drei *Doshas.*

Bei der Bestimmung eines Ernährungsplans geht es um den Ausgleich der drei *Doshas.* Eine ayurvedische Ernährung besteht aus pflanzlichen und mineralischen Heilsubstanzen, die dem Menschen helfen, sich wieder vital und lebensfroh zu fühlen.

Neben den drei *Doshas Vata, Pitta* und *Kapha* beschreibt Aryuveda drei Eigenschaften oder *Gunas,* die den *Doshas* auf geistiger Ebene entsprechen: *Sattva, Rajas* und *Tamas. Sattva* steht für Reinheit, Harmonie, Gleichgewicht und Neutralität.

Menschen mit viel *Sattva* sind freigebig, gelassen, wahrheitsliebend, weise, zufrieden und tolerant. Wer sich sattvisch ernährt, lebt länger und ist der Umwelt gegenüber verständnis- und liebevoll eingestellt.

Sattvische Nahrungsmittel sind süß, ölig, leicht und kühlend. Es sind diese: Reis, Weizen, Ghee, Honig, frische Kuhmilch und Rahm, Pflanzenmilch, z. B. Hafermilch, frische Früchte, Safran, Kardamom und Zimt, jedoch *kein* Fleisch!

Rajas steht für Bewegung und Aktivität. Viel *Rajas* macht Menschen mutig, aber auch aggressiv, ärgerlich, rechthaberisch, intolerant und ungeduldig. Rajas verstärkende Nahrungsmittel sind: Fleisch, Fisch, Paprika, Tomaten und Cayennepfeffer.

Tamas steht für Passivität, Trägheit, Auslösung und Zersetzung. Dominiert *Tamas,* ist der Mensch träge, hat ein übermäßiges Schlafbedürfnis und Verlangen nach qualitativ schlechtem Essen. Das gesunde Empfinden für die wahren körperlichen und seelischen Bedürfnisse ist bei diesen Menschen gestört. *Tamasische* Nahrungsmittel sind: Konservennahrung, Fleisch, Eier, Knoblauch, Zwiebeln, H-Milch, Erdnüsse und aufgewärmte Speisen.

Wer die Eigenschaften der *Doshas* kennt und weiß, welches *Dosha* aus dem Gleichgewicht geraten ist, kann durch gezielte Ernährung dazu beitragen, das Ungleichgewicht auszubalancieren.

Manche Menschen betrachten Milch als sattvisch. Milch, Joghurt und Früchte sind von *sattvischer* Natur, aber wenn sie in exzessiven Mengen verzehrt werden, werden sie *tamasisch* und machen träge und schläfrig. Der Milchkonsum sollte sich daher in Grenzen halten.

Das Gleiche gilt auch für Joghurt und je mehr Käse man verzehrt, desto schwächer wird der Körper. Eine Diät, die mit Milch, Käse, Joghurt,

Quark und Ghee angereichert ist, kann nicht rein genannt werden. Es ist gut, einen Teil Wasser mit einem Teil Milch zu vermischen. Das Gleiche gilt für Joghurt, er sollte nicht dick, sondern halbflüssig sein.

So seid mäßig im Essen sowie in allen Lebensgewohnheiten, damit der Körper stark und gesund bleibt und wir unseren täglichen Pflichten voll nachkommen können. Entwickle jedoch keine übermäßige Bindung an deinen Körper!

Nur wenn wir viel sauberes Wasser trinken und gesunde Nahrung zu uns nehmen, können wir gesund und glücklich sein. Auf diese Weise können wir unsere Gesundheit schützen. Unsere Nahrung bestimmt die Stufe, die wir erreichen werden – sei es eine hohe oder eine niedrige Stufe!

Yoga und Ayurveda sind in ihrer Entstehung und Entwicklung eng miteinander verbunden. Beide setzen sich dasselbe Ziel: das Erreichen von Samadhi. Unter Samadhi versteht man einen Zustand vollkommenen inneren Friedens, in dem man mit dem höheren Selbst verbunden ist.

Der Yoga vermittelt Meditationstechniken, Atemübungen sowie körperliche Übungen (Asanas). Diese Praxis wird Sadhana genannt und sie soll das spirituelle Erwachen fördern. Meditation fokussiert unseren Geist und öffnet uns der spirituellen Dimension, die im turbulenten Alltag meistens vernachlässigt wird. Ursprünglich ist keine ayurvedische Therapie ohne Yoga vollständig und ein Yogi kann durch einen ayurvedischen Lebensstil Körper, Geist und Seele gesund erhalten und so tiefer in seine spirituelle Praxis eintauchen!

(Ayurveda intensiv erleben: www.neuewege.com, Ayurveda-Lifestyle, MAHARISHI Ayurveda, veda.ch, ayurveda-produkte.de, ayurvedashop.at)

„Freundlichkeit im Sprechen schafft Vertrauen.
Freundlichkeit im Denken schafft Tiefe.
Freundlichkeit im Geben schafft Liebe.
(Laotse)

Das aramäische Vaterunser

„Unser Vater, der überall ist,
lass deinen Namen heilig sein. Dein Reich
komme. Lass dein Begehren
wie im Universum so auch auf der Erde sein.
Versorge uns Tag für Tag mit dem nötigen Brot.
Und befreie uns von unseren Vergehen,
wie auch wir unsere Schuldiger befreit haben.
Und lass uns nicht in Versuchung eintreten,
sondern trenne uns von Irrtum.
Denn dir gehört das Reich, die Kraft und das Lied
und das Lob von allen Zeitaltern an,
durch alle Zeitalter hindurch.
Besiegelt im Vertrauen, in Wahrheit und Treue.“
(Matthäus 6,9–13)

Jesu Muttersprache war Aramäisch. Er lehrte dieses kurze Gebet Seinen Schülern in Seiner Muttersprache. Zunächst wurde es mündlich weitergegeben und erst viel später schriftlich niedergelegt.

ICH-BIN-Affirmationen

Wir sind als das Ebenbild Gottes erschaffen worden, daher haben wir alle Eigenschaften Gottes in uns.

Gott ist Liebe und Licht –
ICH BIN Liebe und Licht.

Gott ist Freude – ICH BIN Freude.

Gott ist Harmonie – ICH BIN Harmonie.

Gott ist Segen – ICH BIN Segen.

Gott ist Kraft – ICH BIN Kraft.

Gott ist Gesundheit – ICH BIN Gesundheit.

Gott ist Schönheit – ICH BIN Schönheit.

Gott ist Stille – ICH BIN Stille.

Gott ist Gelassenheit – ICH BIN Gelassenheit.

Gott ist Weisheit – ICH BIN Weisheit.

Gott ist Güte – ICH BIN Güte.

Gott ist Wahrheit – ICH BIN Wahrheit.

Gott ist das Leben – ICH BIN Leben.

Gott ist Vollkommenheit –
ICH BIN Vollkommenheit.

Gott ist Unendlichkeit –
ICH BIN Unendlichkeit.

Gott ist Glückseligkeit –
ICH BIN Glückseligkeit.

Gott ist vollendet – ICH BIN vollendet.

Gott ist ewiges Sein – ICH BIN ewiges Sein.

ICH BIN die Auferstehung und das Leben.

Ausklang

Jesus Christus ist Liebe und Er ist der Weg der Liebe. Seine Güte war beispielhaft und Seine Liebe war grenzenlos. Er brachte uns das neue Liebesgebot, das neue Gesetz der Liebe. Jesus wurde der Christus und sprach als der Christus. Er ist der Weg zum Herzen des Göttlichen und als Meister des Herzens lehrt Er uns die Weisheit des Herzens.

Je mehr du dich Christus zuwendest, desto mehr wird Er auf dich aufmerksam! Der große Liebende ist in uns, Er lebt in uns. Die Liebe muss an erster Stelle stehen in deinem täglichen Leben. Er, der Unsichtbare, spricht zu deinem Herzen, wenn du offen bist für Seine Worte der Liebe.

Nur Liebende kennen einander, Liebe ist Wirklichkeit. Liebe ist der Herzschlag des Universums. Christus gab den Befehl:

„Liebet einander, wie Ich euch liebe. Keine Liebe ist größer als die Liebe, durch die ein Mensch sein Leben hingibt für seine Freunde!"

„Wenn du etwas loslässt,
bist du etwas glücklicher.
Wenn du viel loslässt, bist du viel glücklicher.
Wenn du ganz loslässt, bist du frei."
(Mönch Ajahn Chah)

Diese Worte von Ihm werden mehr und mehr im Heiligtum unserer Seele gehört werden. Deine Aufgabe ist es, in das Gewahrsein Gottes aufzusteigen und dich von menschlichem, physischem und materiellem Glauben zu befreien.

Deine Wahrheitsreise ändert sich, wenn du beginnst, die Wahrheit zu erkennen und sie zu leben. In Wirklichkeit ist der Mensch Gott selbst. Das ist die Wahrheit. Das ist die Höhe mystischer Wahrnehmung und Erfahrung, das ist die Wirklichkeit! Alles, was in Gott ist, ist auch im Menschen. Der Mensch ist die Krone der Schöpfung und deshalb ist das menschliche Leben von höchstem Wert.

Jeder Mangel an Gutem, der in der gesamten Geschichte der Menschheit erfahren wurde, ist ein Mangel an Gottesgewahrsein. Wir sind uns der spirituellen Realität unserer Welt nicht bewusst.

Wir glauben an unseren menschlichen Zustand und unter diesen materiellen Bedingungen leiden wir unter Schmerz, Krankheit, Mangel und vielen Einschränkungen und am Ende werden wir ins Feuer geworfen und in Asche verwandelt! Geben wir uns in unserem Leben einer höheren Harmonie hin, geben wir unserem Leben einen Sinn und tauchen wir in eine tiefe SELBSTerkenntnis ein. So können wir Gottes Wesen „einfangen" und sind fähig, mit dieser Erkenntnis Gottes auf Erden zu arbeiten. In einem einzigen Augenblick geht durch die Erkenntnis der Wahrheit der ganze Traum der Welt zu Ende. Lenke deine Aufmerksamkeit auf die Wunder, die sich in deinem innersten Bewusstsein befinden. Was getan werden muss, wird zur rechten Zeit getan werden!

Sende Liebe und Frieden aus, aus deinem Herzen in die Welt, denn jede Seele bewirkt Gutes im Kosmos. Gemeinsam sind wir ein heller Lichtstrahl aus Liebe und Hoffnung für diese Welt. Glück und Segen sollen dich täglich begleiten und möge die Liebe dich auf deinem Lebensweg führen. Eine Zeit göttlichen Lebens, ewiger Einheit und vollkommener Harmonie liegen vor dir.

Kodoish Adonai Tsabayoth! Heilig ist der Herr der Heerscharen!

NAMASTE, LOVE   *Allelia Joy*

„Alles hat seine Zeit und alles Tun unter dem Himmel hat seine Stunde. Geborenwerden und Sterben hat seine Zeit, Pflanzen und Ernten hat seine Zeit, Weinen und Lachen hat seine Zeit. Klagen und Tanzen, Umarmen und Getrenntsein, Suchen und Verlieren, Schweigen und Reden hat seine Zeit, Lieben und Hassen – Streit und Frieden.
Alles hat seine Zeit!"
(nach Prediger 3,1–9)

„Seid untereinander freundlich und herzlich und vergebt einer dem anderen, wie auch Gott euch vergeben hat in Christus."
(Epheser 4,32)

„Wir sollten Tiere respektieren, denn das macht uns alle zu besseren Menschen!"
(Jane Goodall)

„Wir sind verantwortlich für die anderen Lebewesen unseres Planeten, deren Existenz durch das gedankenlose Verhalten unserer eigenen Art bedroht ist."
(Jane Goodall)

„Die Welt ist kein Machwerk
und die Tiere kein Fabrikat
zu unserem Gebrauch!"
(Arthur Schopenhauer)

Bibliografie

Christliche Mystik, Im Lichte der Lehre Sathya
Sai Babas, Dr. Norbert Nicolaus, Sathya Sai
Vereinigung e.V. Buchzentrum Grenzstr. 43,
D-63128 Dietzenbach.
Das aramäische Vaterunser, Rocco A. Errico,
Verlag Hans-Jürgen Maurer, Im Trierischen Hof
14, D-60311 Frankfurt am Main.
Ayurveda-Wissen-Ernährung,Deutsche
Gesellschaft für Ayurveda DGA,
Friedrichstraße 232, D-10969 Berlin 1.
Ayurveda for Life, Dr. med. Janna Scharfenberg,
Südwest Verlag, Neumarkter Straße 28,
D-81673 München.
Ihr Zauberstab Gedankenkraft, Kurt Tepperwein,
Verlag BoD – Books on Demand, *D-22848*
Norderstedt.

Allelia Joy ist ein Pseudonym. Die Autorin ist namenlos. Die Identität von Allelia Joy bleibt unausgesprochen, da sie nur eine von vielen Vergänglichkeiten ist.

Fragen und Anregungen gerne an:
E-Mail: allelia-joy@iaw.li

„Der Planet braucht dringend
mehr Friedensstifter, Heiler, Erneuerer,
Geschichtenerzähler und
Liebende aller Arten!"
(Seine Heiligkeit, der Dalai-Lama)

„Und nicht mehr lebe ich,
sondern Christus lebt in mir!"
(Galater 2,20)

Weitere Bücher von Allelia Joy:

Liebe ist das Licht der Seele

ISBN: 978-3-8626-4327-1

DhyanaYoga/Meditation
Der Weg zu innerer Ruhe und Gelassenheit

ISBN: 978-3-7392-2832-7

Nichts ist wie es scheint,
das Wesentliche ist unsichtbar: DhyanaYoga -
33 Meditationen für den Alltag

ISBN: 978-3-8391-9022-7

Lebe deine wahre Bestimmung:
Nur die Liebe zählt
Prema Yoga – Yoga der Liebe

ISBN: 978-3-7448-3464-3

Das Testament der Liebe:
Die Alchemie des Herzens

ISBN: 978-3-7481-8454-6